Inhalt

Customer-Relationship-Management (CRM)

Kernthesen

Beitrag

Fallbeispiele

Weiterführende Literatur

Impressum

Customer-Relationship-Management (CRM)

E. Krug

Kernthesen

- Die Pflege von Kundenbeziehungen mit dem Ziel einer andauernden Kundenbindung (Customer-Relationship-Management) ist heute ein wichtiger Bestandteil des Marketing. (1)
- Ein gut funktionierendes Customer-Relationship-Management (CRM) bedarf einer sorgfältigen Planungsphase in der die Businessstrategie eindeutig definiert wird und an deren Ende die Wahl eines geeigneten unterstützenden Softwareprodukts steht. (2)
- Die zunehmende Vielfalt unterstützender Softwareprodukte (die Schätzung liegt bei

ca. 150 Anbietern im letzten Jahr) erschwert deren Auswahl. (2)
- Obwohl CRM in europäischen Unternehmen noch zögernd Einzug hält, gewinnt dieses Thema deutlich an strategischer Bedeutung. (2), (3)

Beitrag

Businessstrategie

Customer-Relationship-Management bedeutet die Pflege von Kundenbeziehungen mit dem Streben nach einer dauerhaften Kundenbeziehung. Es umfasst eine strategische Form der Kundenorientierung, zusammengesetzt aus Mensch, Organisation und Technologie. Projekte in diesem Zusammenhang setzen abteilungsübergreifendes Umdenken voraus. Software dient dabei als unterstützendes Werkzeug. (1), (4)

Aktualität

Auf der diesjährigen CeBIT wird deutlich, wie brisant dieses Thema ist, da hier sehr viele Neuheiten aus dem CRM-Softwarebereich vorgestellt werden. (2) Bevor sich allerdings das Unternehmensmanagement mit der Überflutung des Softwareangebotes auseinandersetzen darf, muss klar sein, dass eine CRM-Lösung nicht dadurch abgedeckt ist, die geeignete Software zu finden. Es bedarf dazu weit mehr als einer Systembewertung. Äußerst selten kann man die vielschichtigen Aufgaben des CRM durch Überstülpen irgendeiner Softwarelösung in den Griff bekommen. (5)

Projektplanung

Eine gut durchdachte Planung ist Voraussetzung für die Effizienz von CRM.
Im ersten Schritt sollten die strategischen Zielsetzungen eindeutig definiert und diskutiert werden. (5)

Voraussetzungen

Die Basis für ein funktionierendes Customer-Relationship-Management ist der ständige Kundenkontakt. Viele Unternehmen haben hier bereits die ersten Probleme, da sie nicht wissen, wie sie den Kontakt aufbauen und pflegen sollen.

Lösungsmöglichkeiten bieten Callcenter, das Internet, eine Hotline usw.. Spätestens an diesem Punkt wird deutlich, dass CRM wesentlich mehr als ein einziges Software-Modul umfasst. CRM-Projekte werden auch bestimmt durch die ständige Einbeziehung aller E-Business-Komponenten wie Online-Shop, E-Services und E-Marketing und auch aller unternehmensinternen Abteilungen wie Kundendienst, Hotline und Verkauf. (3)

Optimal wäre z. B. eine Prozessoptimierung des Unternehmens durch die Verbindung von Customer-Relationship-Management und Supply-Chain-Management, indem die Kundenbeziehungen mehr oder weniger die Lieferkette steuern. Hier zeigt sich die Chance, ungenutztes Optimierungspotenzial auszuschöpfen. Durch die Verknüpfung der logistischen Prozesse mit der Schnittstelle zum Kunden würde eine Transparenz der gesamten Wertschöpfungskette entstehen. (6)

Unumgänglich ist eine Datenbank mit Kundenprofilen. Personal- und Adressangaben, Angaben über Familie, Hobbys etc. gehören ebenso zum kundenorientierten Wissen, wie die Kaufhistorie und das bisherige Kundenverhalten. Der Kauf mit EC-, Kredit- und Kundenkarte oder auch der

Interneteinkauf sind nur wenige Beispiele für die Möglichkeiten, die sich bieten, um detaillierte Angaben über den Kunden zu sammeln. (3)

Das endgültige CRM-Lösungsmodell ist abhängig von den individuellen und strategischen Zielsetzungen des Unternehmens, gesetzlichen und organisatorischen Rahmenbedingungen und der Art des Unternehmens. (5)

Softwarelösungen

Am Ende einer sorgfältigen Planungsphase sollte die Auswahl eines dem Lösungsmodell optimal entsprechenden Softwareproduktes getroffen werden. Erst dann ist Customer-Relationship-Management als vollständige Marketingmethode durchzuführen. (2)
Der Kostenfaktor ist sicherlich nicht zu unterschätzen, aber sogar komplizierte CRM-Installationen rechnen sich durchschnittlich nach einer 28-monatigen Laufzeit. (3)

Kritische Aspekte

Eignung für den Mittelstand

Es existieren deutliche Zweifel, ob ein CRM-System auch für mittelständische Unternehmen rentabel sei. Tatsache ist, dass bei kleineren Unternehmen der gleiche Prozess zur Entscheidungsfindung ablaufen muss wie bei großen Konzernen. Es gibt bei Design, Kosten und Umfang von CRM-Lösungen gewaltige Differenzen. Allerdings ist die CRM-Lösung nicht von der Unternehmensgröße abhängig, sondern von der erhofften Qualität der Kundenbeziehung. (4)

Zögernde Haltung von Unternehmen

Es zeigen sich noch häufig Ressentiments gegen konsequentes Customer-Relationship-Management. Noch arbeiten in Europa 45 Prozent aller Unternehmen ohne CRM, 35 Prozent nutzen nicht integrierte, abteilungsbezogene Projekte, 17 Prozent haben mehr als ein Projekt integriert und nur 3 Prozent zeichnen sich durch eine komplette CRM-Installation aus. (3)

Eine Vielzahl von Berichten über das Scheitern einer hohen Anzahl an CRM-Projekten lässt viele potentielle Anwender zögern, eine CRM-Lösung für das eigene Unternehmen in Betracht zu ziehen. (4)

Fallbeispiele

Beispiele für den Einsatz von CRM

Im Rahmen vertikaler Strukturveränderungen soll Beziehungsmanagement als Marketinginstrument bei den Genossenschaftsbanken eingeführt werden. Es sollen für die Banken moderne CRM-Systeme bereitgestellt werden, die eine individuelle Betreuung ermöglichen. (7)

Die Bausparkasse Schwäbisch Hall will mit der Kundenzeitschrift "house and more" existierende Potenziale im Zusammenhang mit CRM ausgiebiger und zielgerichteter nutzen und gleichzeitig im Bereich Immobilien die Kompetenz und Wertschöpfung des genossenschaftlichen Finanzverbunds stärken. (8)

Beispiele für CRM-Software

Basierend auf der CRM-Suite "Siebel7" hat Siebel Ende letzten Jahres 20 Branchenlösungen auf den Markt gebracht. Darunter Lösungen für medizinischen Vertrieb und Konsumgüterindustrie. (9)

Mit der Tochter Great Plains tritt Microsoft in den CRM-Softwaremarkt als Konkurrenz zum Partner Siebel ein. Microsoft plant in der zweiten Jahreshälfte CRM-Software (MS CRM) mit den Kern-CRM-Funktionen (Vertriebssteuerung, Kundendienst und Marketing-Automatisierung) herauszubringen. Die deutsche Version ist für das erste Quartal 2003 vorgesehen. Version 2 (geplant 2003/2004) soll Kampagnenplanung und -management, Tele-Sales etc. umfassen. (10)

Auf der diesjährigen CeBIT tummeln sich unzählige Anbieter in diesem Softwarebereich, wie z. B. Baan mit "Ibaan for CRM", SAP mit Produkten aus dem "Mysap-Portfolio" und viele mehr. Branchengrößen, wie Siebel, Oracle, J.D. Edwards und andere sind nicht vertreten. Sie veranstalten eigene Hausmessen. (2)

Weiterführende Literatur

(1) ANALYSIEREN Zufriedene Kunden mit CRM

aus IT Business, Heft 07/2002, S. 23

(2) Messe-Rundgang: Customer-Relationship-Management. CRM-Spektrum: Für jeden Geschmack etwas, Computerwoche, 08.03.2002, S. 38-39
aus IT Business, Heft 07/2002, S. 23

(3) Kattrup, P., Customer-Relationship-Management. Daten krönen die Kundenpflege mit Sahnehäubchen, Computer Zeitung, Nr. 08, 2002, S. 18
aus IT Business, Heft 07/2002, S. 23

(4) COMPUTERWOCHE-online-Ratgeber stößt auf großes Interesse. CRM-Integration stresst die Anwender, Computerwoche, 08.03.2002, S. 52
aus IT Business, Heft 07/2002, S. 23

(5) Hiss, Rainer, IT in Versicherungen / Customer-Relationship-Management, Computerwoche, 15.02.2002, S. 46-47
aus IT Business, Heft 07/2002, S. 23

(6) Wald, Martin / Lücking, Bernd, Supply-Chain-Management (SCM) / Wenn die Kundenbeziehungen die Lieferkette steuern, Computerwoche, 08.03.2002, S. 64
aus IT Business, Heft 07/2002, S. 23

(7) Auf dem Weg zu einer Bank für einen Markt Vertikale Strukturveränderungen werden bei Genossenschaftsbanken jetzt wichtiger
aus Börsen-Zeitung, 01.03.2002, Nummer 42, Seite B10

(8) Bausparen stärkt Standort Baden-Württemberg Herausforderungen durch Fusionen, Umstrukturierungen, Innovationen sowie IT-Investitionen meistern
aus Börsen-Zeitung, 01.03.2002, Nummer 42, Seite B3

(9) Für medizinischen Vertrieb und Konsumgüterindustrie. Siebel 7 empfiehlt sich mit Branchenlösungen, Computerwoche, 01.03.2002, S. 24
aus Börsen-Zeitung, 01.03.2002, Nummer 42, Seite B3

(10) Kernfunktionen ab 2003 in Deutschland verfügbar, Microsoft mischt den CRM-Markt auf, Computerwoche, 01.03.2002, S. 1-4
aus Börsen-Zeitung, 01.03.2002, Nummer 42, Seite B3

Impressum

Customer-Relationship-Management (CRM)

Bibliografische Information der deutschen Nationalbibliothek

Die Deutsche Nationalbibliothek verzeichnet diese Publikation in der deutschen Nationalbibliografie; detaillierte bibliografische Daten sind im Internet über http://dnb.d-nb.de abrufbar.

ISBN: 978-3-7379-0681-4

© 2015 GBI-Genios Deutsche Wirtschaftsdatenbank GmbH, Freischützstraße 96, 81927 München, www.genios.de

Alle Rechte vorbehalten. Dieses Werk ist einschließlich aller seiner Teile – z.B. Texte, Tabellen und Grafiken - urheberrechtlich geschützt. Jede Verwertung außerhalb der Grenzen des Urheberrechtsgesetzes bedarf der vorherigen Zustimmung des Verlags. Dies gilt insbesondere auch für auszugsweise Nachdrucke, fotomechanische Vervielfältigungen (Fotokopie/Mikroskopie), Übersetzungen, Auswertungen durch Datenbanken oder ähnliche Einrichtungen und die Einspeicherung und Verarbeitung in elektronischen Systemen.